Hühnersuppe
und
Rosenduft

4. Auflage 2021
© 2009 Verlagsanstalt Tyrolia, Innsbruck
Umschlaggestaltung: Tyrolia-Verlag, unter Verwendung
eines Bildes von Anna Vidyaykina
Layout und digitale Gestaltung: Tyrolia-Verlag
Lithografie: digiservice, Innsbruck
Druck und Bindung: FINIDR, Tschechien
ISBN 978-3-7022-3023-4
E-Mail: buchverlag@tyrolia.at
Internet: www.tyrolia-verlag.at

Hühnersuppe
und
Rosenduft

Ein Märchen von der Gastfreundschaft
erzählt von Frau Wolle
illustriert von Anna Vidyaykina

Tyrolia-Verlag · Innsbruck-Wien

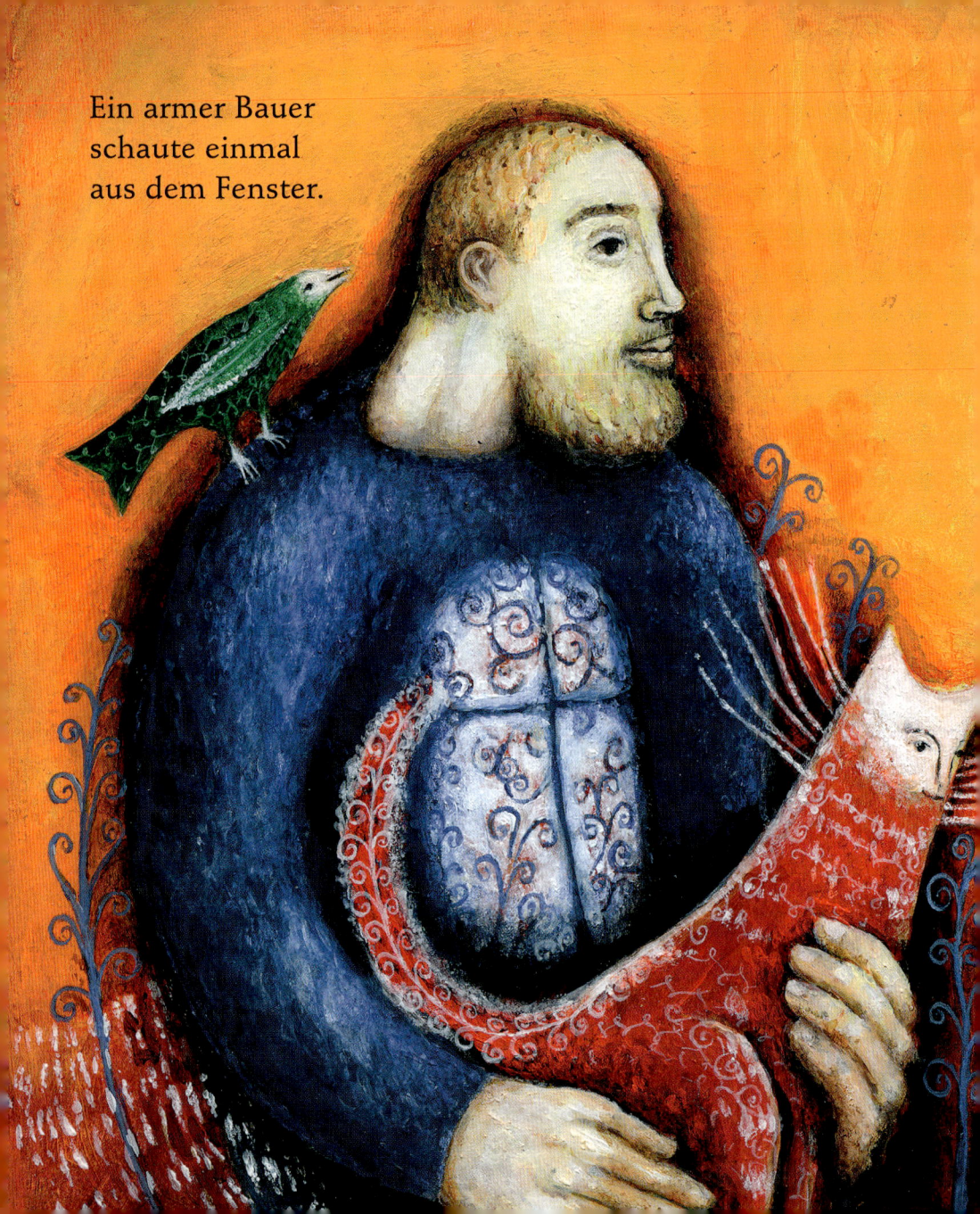

Ein armer Bauer
schaute einmal
aus dem Fenster.

Er sah einen Fremden heran-
reiten, der war gekleidet wie
ein Jäger und saß auf einem
stolzen Pferd.

Der Bauer trat vor seine Tür
und wartete, bis der Mann
näher kam. Noch aus dem Sattel
grüßte der Reiter den Bauern. Dieser
fragte nach Woher, Wohin, Wozu.

Der Reiter meinte: „Ich habe mich verirrt.
Kannst du mir den Weg in die Hauptstadt zeigen?"

Der Bauer antwortete mit einem Blick auf den Stand
der Sonne: „Den Weg könnte ich dir schon weisen,
aber heute wirst du es nicht mehr schaffen, denn
es ist weit. Du musst wohl hier bleiben.
Sei mein Gast."

Also
stieg
der
Fremde
vom
Pferd.

Der Bauer
hatte ein
kleines Haus,
aber ein großes Herz.

So schlachtete er für den
Gast sein letztes Huhn,
um ihm ein anständiges Essen
zuzubereiten. Alt und zäh war
es, doch gut genug für eine
wärmende, köstliche Suppe.

Sie aßen und unterhielten
sich bis spät in die Nacht,
sprachen, wie wir
Menschen es so tun,
über Großes und
Kleines, redeten Sinn
und Unsinn, eines
nach dem anderen,
nicht immer leicht zu
unterscheiden.

Klassiker

13. Auflage

3. Auflage

© Jakob Kirchmayr, aus: Robert Preis, Sagen aus der Steiermark

Märchen und Sagen

Auguste Lechner / Linda Wolfsgruber
Dolomiten Sagenbuch
Der Sagenklassiker der großen Jugend-
buchautorin – neu illustriert von der
preisgekrönten Südtiroler Künstlerin Linda
Wolfsgruber. In ihren Bildern verleiht sie
den Sagen eine geheimnisvolle, mystische
Aura, die auch den modernen Leser und
Betrachter fesselt.

Irmgard Jeserick
...en

**...ng der Brüder
...Zingerle**
...er Zingerle – neu
...t zwei Märchen aus
...Frau Wolle.

...einfarb. Tuscheskizzen,
...8

A. Lechner / K. Ho...
Die Nibelungen...
**Glanzzeit und Un...
eines mächtige...**
Das berühmte de...
Liebe und Eifersu...
Rachsucht und Ve...(1888–1960)
büt der preisgek...
erzählt mit lyrisch...

27 sw. Illustrationen,
ISBN 978-3-7022-2...
211 Seiten, € 17.9...

...r Sagen
...üdtirol
...chhändler und
...rollen Tälern
...rsammelt.

W. Morscher / B. Mrugalska
**Das Innsbrucker
Sagenbuch**
Der große Sagenschatz um Frau Hitt
oder Klaubauf bietet gleichzeitig einen
Spaziergang durch die Innsbrucker
Stadtgeschichte.

46 farbige und 15 sw. Abb., geb.
ISBN 978-3-7022-2882-8
192 Seiten, € 19.90

Christine Zucchelli
Geheimnisvolles Hall
**Sagen, Legenden und merkwürdige
Geschichten aus der Stadt und ihrer
Umgebung**
Eine „sagenhafte" Erkundungstour durch
die geschichtsträchtige Salzstadt.

106 sw. Abb., 10 Kartenskizzen, 2 Übersichtskarten, geb.
ISBN 978-3-7022-3185-9
312 Seiten, € 19.95

6. Auflage

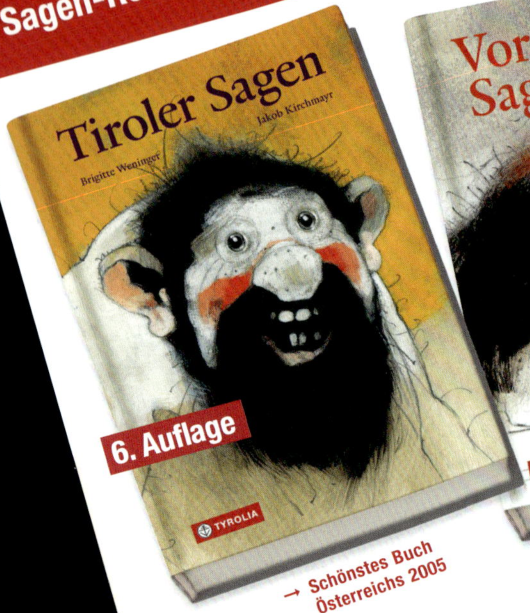

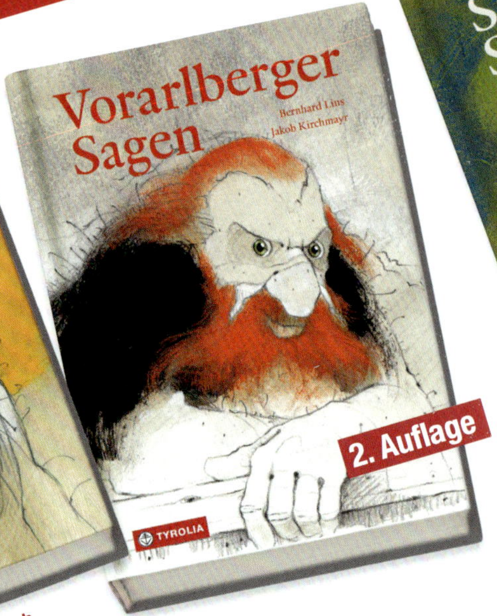

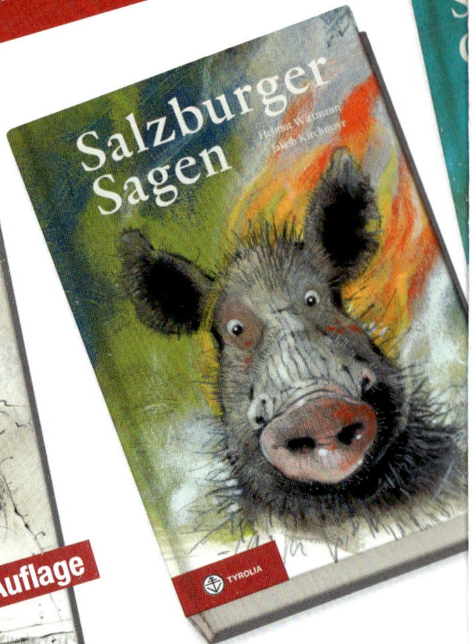

→ Schönstes Buch
Österreichs 2005

2. Auflage

Brigitte Weninger
Tiroler Sagen
...che Kinderbuchautorin Brigitte
...ho Tiroler Sagenschatz ...

Bernhard Lins
Vorarlberger Sagen
Eintauchen in die magische Welt der
Fenggen, Bütze und des Klushundes. Die
schönsten Sagen aus allen Vorarlberger
...neu erzählt vom bekannten
...hard Lins.

Helmut Wittmann
Salzburger Sagen
Neben Klassikern wie der Sage v...
Karl im Untersberg lenkt Helmu...
den Blick auch auf weniger Be...
Beispielsweise sind die Gesch...
vom Hexenzauber in Mitters...
Frauenloch in Abtenau sons...
Sagensammlung zu lesen...

Helmut Wittmann
Das Donausteig-Sagenbuch
Der Donausteig, ein idyllischer Weitwander-
weg, führt durch das oberösterreichische
Hügelland an der Donau. Der rote Faden
des Weitwanderweges sind die Donau-
sagen. Die schönsten Donausteig-Sagen
können nun in diesem Buch nachgelesen
werden – spritzig und humorvoll erzählt.

42 farbige Abb., geb.
ISBN 978-3-7022-3119-4
128 Seiten, € 14.95

Barbara Schinko / Leonora Leitl
**Das Sagenbuch
zum Stephansdom**
Um den 800 Jahre alten Wiener Stephans-
dom ranken sich wunderliche Geschichten.
Nun gibt es sie endlich in gesammelter
Form – frisch und neu erzählt.

22 farb. Abb., geb.
ISBN 978-3-7022-3644-1
96 Seiten, € 15.95

NEU **Hörbuch (Auswahl)**
gelesen von Lena Raubaum I Musik: Domorgel St.
Stephan, ISBN 978-3-7022-3705-9, **€ 14.95**

Erhältlich in jeder Buchhandlung oder bei: 1100128, Preisstand 05/2018

 TYROLIA VERLAG, Exlgasse 20, A-6020 Innsbruck
Tel. ++43 (0)512 / 2233-211, Fax DW -206, E-Mail: auslieferung@tyrolia.at
Besuchen Sie uns im Internet unter: www.tyrolia-verlag.at

Als es
Zeit zum
Schlafen war,
gab der Bauer
dem Gast sein
eigenes Bett.

Weil er aber
nur das eine hatte,

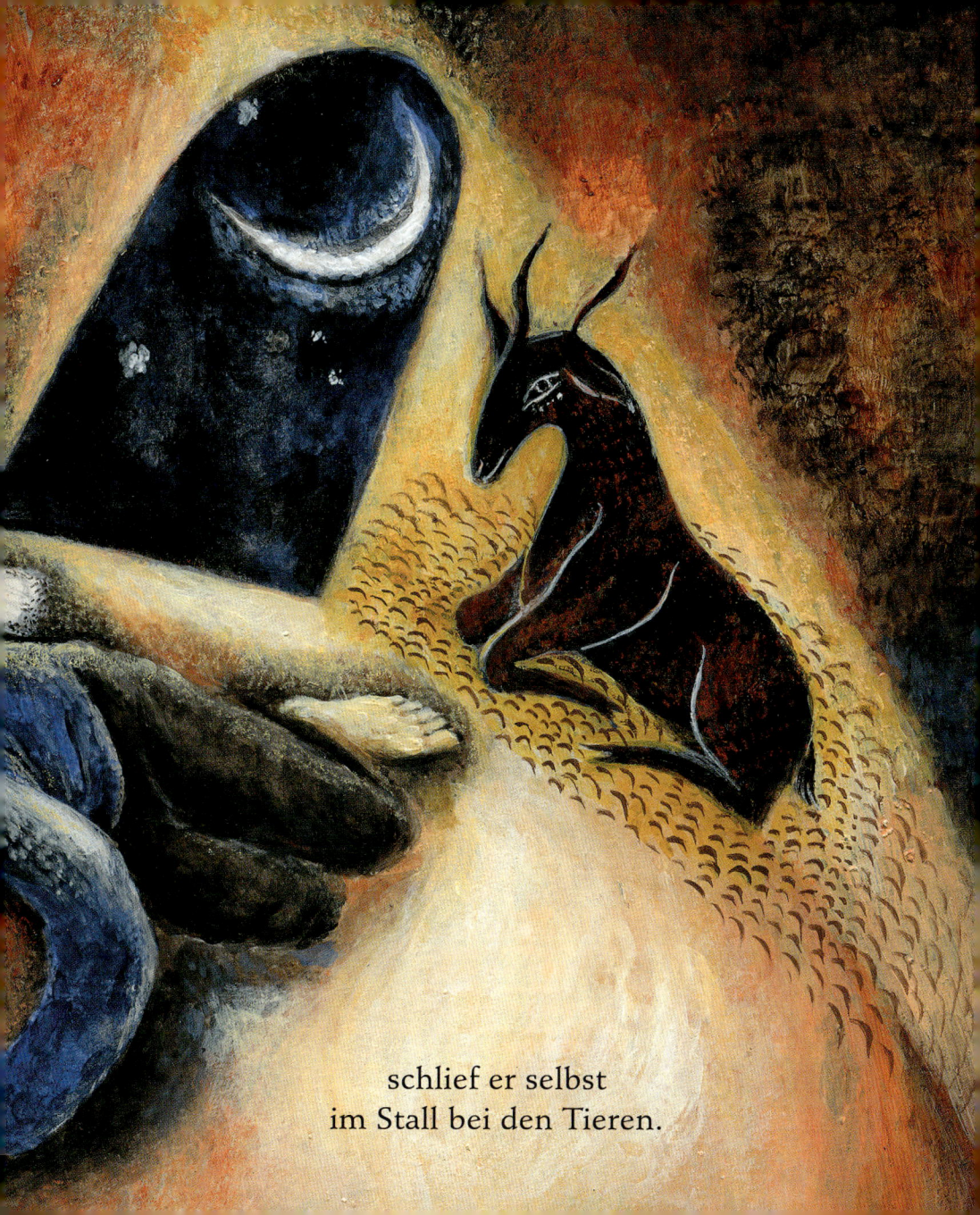

schlief er selbst
im Stall bei den Tieren.

Am nächsten
Morgen machte
sich der Fremde zum
Aufbruch bereit.
Sein Gastgeber erklärte
ihm den Weg:

„Du musst in diese Richtung reiten, wohl eine halbe
oder ganze Stunde lang, vielleicht auch zwei. Dann
kommst du an einen Strom, den reitest du flussauf-
wärts, bis du an einer Stelle bist, wo am einen Ufer
zwei Büsche stehen und am anderen drei. Dort kannst
du das Wasser überqueren. Nur an dieser Stelle ist es
seicht genug und die Strömung leicht genug. Wenn
du glücklich am anderen Ufer bist, reitest du noch
einmal ungefähr eine kleine Stunde lang
nach Westen.

Sodann kommst du zu drei hohen Bäumen. Du wählst den Weg zwischen dem mittleren und dem linken Baum – nein, warte –, zwischen dem mittleren und dem rechten. Reite nur nicht beim linken Baum weiter, sonst gerätst du in die Einöde und wirst elendiglich zu Grunde gehen."

An dieser Stelle unterbrach der
Fremde den Bauern: „Das merke ich
mir nie. Kannst du nicht mit mir
kommen und mir den Weg zeigen?"

„Nun, es ist ein weiter Weg,
vor allem wenn man ihn allein
zu Fuß zurückgehen muss",
meinte der Bauer.

„Aber du bist mein Gast. Ich sollte dafür sorgen,
dass du gesund nach Hause kommst."

So stieg er hinter dem Jäger aufs Pferd
und erklärte ihm den rechten Weg
– zum Fluss, glücklich auf die andere Seite,
zwischen den Bäumen hindurch und weiter.

Gegen Mittag sahen sie die Mauern und
Tore der Hauptstadt vor sich.

Als sie näher kamen, wurde der einfache Bauer ganz aufgeregt. Er zupfte seinen Begleiter am Wams und sagte: „Ich war noch nie innerhalb der Stadtmauern und würde gar zu gern einmal den König sehen. Kannst du ihn mir zeigen?"
„Ja, ja, das wird sich wohl einrichten lassen. Er ist leicht zu erkennen. Denn er ist der, der nicht das tut, was alle andern tun."

Schon ritten sie in die Stadt hinein.
Dem Bauer blieb vor Staunen der
Mund offen stehen. Er sah mehr Häuser
als Bäume in einem Wald und mehr
Menschen als Ameisen in einem Amei-
senhügel. Wie diese liefen auch die
Menschen alle durcheinander und
schienen genau zu wissen, wohin sie
wollten und wozu. Es gab Edles und
Gewöhnliches, Schönes und Hässliches,
Armut und Reichtum, eines neben dem
anderen.

Sie ritten durch Gassen und Straßen.
Schließlich gelangten sie auf einen Platz, der war so groß,
wie alle Felder des Bauern zusammengenommen nicht
waren, und so voller Menschen – hätte man eine Stecknadel
fallen lassen, sie hätte den Boden nie erreicht.
Wie auf ein geheimes Zeichen warfen sich alle Menschen
auf die Erde.

Der Bauer war
verwirrt und
eingeschüchtert,
der Jäger aber
lenkte sein Pferd
gelassen durch die
Menschenmenge.

„Zeigst du mir jetzt den König?", bat der Bauer wieder.
„Gemach, gemach, alles zu seiner Zeit. Er ist leicht
zu erkennen, denn er ist der, der nicht das tut, was
alle anderen tun."

Der Bauer schaute sich um, aber alle taten das Gleiche.

Schön waren sie
auf der anderen
Seite des Platzes.

Da stand ein Haus, groß wie ein Berg
und schön wie die Wüste nach dem
Regen. Unbehelligt ritten die beiden
durch das Tor.

Im Innenhof duftete es
nach Rosen, nach Orangen-
und Zitronenblüten.
Es gab Springbrunnen dort,
Granatapfelbäume und
viele, viele Menschen.

Wie auf ein geheimes Zeichen senkten all diese Leute ihre Köpfe, bis sie mit der Stirn die Knie berührten. Dem einfachen Bauern wurde es unheimlich. Er stieg nach dem Jäger vom Pferd und fragte ihn wieder nach dem König, nur um die gleiche Antwort zu erhalten – er sei der, der nicht das tut, was alle andern tun. Aber alle taten das Gleiche. Gemeinsam betraten die beiden das Haus. Sie gingen über Stufen, durch Gänge und Türen, bis sie in einen reich geschmückten, großen Saal kamen.

Der Boden war aus Marmor, kostbare
Schnitzereien aus Elfenbein und edlen
Hölzern zierten die Wände, bunte Glas-
ornamente an den Fenstern brachen das
Licht tausendfach.
Hier standen die Edlen und Reichen des
Landes versammelt. Wie auf ein gehei-
mes Zeichen senkten alle ihre Köpfe.
Der Bauer folgte dem Jäger durch
den Saal bis ans andere Ende.
Dort setzten sie sich an
einen niederen Tisch.

Sie beide saßen,
die andern aber
standen.

Da sagte der Bauer:
„Jetzt habe ich nur
noch eine Frage –
bin ich es oder
bist du es?"

Da lachte der König,
so wie ihr jetzt lacht,
und meinte:

„In deinem Haus
bist du ein König
und hier bin
ich es. Sei
heute du
mein Gast."

Wie dieses Märchen Frau Wolle zu Ohren gekommen ist

Im Juli 2004 wurde diese Geschichte von der Künstlerin
Praline Gay Para beim Erzählfestival „Beyond the Border" in
Wales erzählt. Dort ist sie Frau Wolle zu Ohren gekommen.
Praline Gay Para stammt aus Beirut und lebt in Paris.
Sie wiederum hat das Märchen aus Äthiopien mitgebracht.
Auch zu finden ist die Geschichte in: The Rich Man and the
Singer, Folktales from Ethiopia, told by MESFIN HABTE-
MARIAM, edited and illustrated by Christine Price, E. P.
DUTTON & CO, INC. NEW YORK 1971.
Wer das Märchen auf Französisch lesen oder verschenken
möchte, kann Praline Gay Paras Buch verwenden: Le Prince
courageux et autres contes d'Ethiopie, Syros, 2003, Paris.

Von Äthiopien nach Beirut und über Paris nach Wales und
jetzt mit Hilfe einer russischen und einer Tiroler Künstlerin
in diesem Buch: ein weit gereistes Märchen zum Hören,
Weitererzählen und Verschenken – gewidmet den guten
Gästen und großzügigen GastgeberInnen dieser einen weiten
Welt.

DIE ERZÄHLERIN: FRAU WOLLE, 1968 als Karin Tscholl in Innsbruck geboren, erzählt seit 1995 frei und mündlich Märchen und Geschichten in ganz Europa. Ihre Erzählkunst wurde mehrmals ausgezeichnet. Im Tyrolia-Verlag veröffentlichte sie den von Irmingard Jeserick reich illustrierten Band „Tiroler Märchen", das von Almuth Mota kunstvoll gestaltete Buch „König Lichterloh. Märchen und Geschichten von Krieg und Frieden, Streit und Vergebung, Zorn und Zärtlichkeit" sowie das ebenfalls von Anna Vidyaykina in jungen Jahren illustrierte Geschenkbuch „Morgen ist morgen. Ein Märchen von Vertrauen und Gewitztheit". Weitere Infos, auch über Erzählprogramme und Veranstaltungen, unter www.frauwolle.at

DIE ILLUSTRATORIN: ANNA VIDYAYKINA liebt die Märchen seit ihrer Kindheit in Russland und hat dieses Buch im Alter von 19 Jahren gestaltet. Sie hat in Wien an der Universität für angewandte Kunst und in Florenz studiert und lebt in Wien als Künstlerin, Kunsterzieherin und tritt immer wieder mit Sandmalerei-Performances auf. 2014 gewann sie den Internationalen Illustrationswettbewerb „Notte di fiaba" und im Jahr 2020 wandte sie sich mit „Von Drachenfrau und Zauberbaum. Das große Buch der österreichischen Volksmärchen", erzählt von Helmut Wittmann, erneut der Buchillustration zu. Mehr unter www.vidyaykina.com